LUCKY LUKE

LE PONY EXPRESS

DESSINS DE MORRIS
SCÉNARIO DE X. FAUCHE ET J. LÉTURGIE

Mise en couleurs : Studio LEONARDO

 **DARGAUD**

PARIS • BARCELONE • BRUXELLES • LAUSANNE • LONDRES • MONTREAL • NEW YORK • STUTTGART

DANS LE MONDE - LUCKY LUKE EN LANGUES ÉTRANGÈRES

AMÉRIQUE HISPANOPHONE
Grijalbo-Dargaud, Aragon 385, 08013 Barcelone, Espagne

AUTRICHE
Delta Verlag, Postfach 1215, 7 Stuttgart 1, R.F.A.

BELGIQUE
Dargaud Bénélux, 3 rue Kindermans, 1050 Bruxelles, Belgique

BRÉSIL
Livraria Martins Fontes, Rua Conselheiro Ramalho 330/340, Sao Paulo, Brésil

DANEMARK
A/S Interpresse, Krogshojvej 32, 2880 Bagsvaerd, Danemark

ESPAGNE
Grijalbo-Dargaud, Aragon 385, 08013 Barcelone, Espagne

ÉTATS-UNIS D'AMÉRIQUE & CANADA
Dargaud Publishing International.
Distribution : MacMillan Publishing Co., 866 Third Ave., New York, N.Y. 10022, États-Unis d'Amérique

FINLANDE
Otava, Uudenmaankatu 8-12, Helsinki, Finlande

GRÈCE
Mamouth Comix Ltd., Ipokratus 57, 106 80 Athènes, Grèce

HOLLANDE
Dargaud Bénélux, 3 rue Kindermans, 1050 Bruxelles, Belgique
Distribution : Van Ditmar b.v., Oostelijke Handelskade 11, 1019 BL Amsterdam, Hollande

HONG KONG (Chinois)
Monks Ltd, 906 Hanson House, 794-802 Nathan Rd., Kowloon, Hong Kong

HONGRIE
Nip Forum, Vojvode Misica 1-3, 2100 Novi Sad, Yougoslavie

INDE (Hindi)
Gowarsons Publishers Private Ltd., Gulab House, Mayapuri, New Delhi 110064, Inde

INDONÉSIE
PT Indira, Jalam Sam Ratulangi 37, Jakarta Pusat, Indonésie

ISRAËL
Dahlia Pelled Publishers, 5 Hamekoubalim Street, Herzeliah 46447, Israël

ITALIE
Alessandro Distribuzioni, Via del Borgo San Pietro 140 ABC, 40126 Bologne, Italie

NORVÈGE
Semic Nordisk Forlag A/S, P.b. 6320 Etterstad, 0604 Oslo 6, Norway

PORTUGAL
Meriberica, Rua D Filipa de Vilhena Nº 8, 3e Dto Lisbonne, Portugal

RÉPUBLIQUE FÉDÉRALE ALLEMANDE
Delta Verlag, Postfach 1215, 7 Stuttgart 1, R.F.A.

SUÈDE
Bonniers Juniorforlag AB, Kammakargatan 9a, Stockholm, Suède

SUISSE
Dargaud (Suisse) S.A., En Budron B, Le Mont sur Lausanne, Suisse

TURQUIE
Milliyet Yayin As., Prof. Kazim Ismail Gurkan, Caddesi Cagaloglu, Istamboul, Turquie

YOUGOSLAVIE
Nip Forum, Vojvode Misica 1-3, 2100 Novi Sad, Yougoslavie

Dépôt légal Juin 1988
ISBN 2-88257-004-X
ISSN 0771-8160
Imprimé en Belgique en avril 1988 par Proost International Book Productions
Printed in Belgium.

LUCKY LUKE
Le PONY EXPRESS

DESSINS DE MORRIS

SCÉNARIO DE X. FAUCHE ET J. LÉTURGIE

À WASHINGTON, AU SÉNAT...

... ET COMME VOUS, JE ME RÉJOUIS DE L'ACQUISITION DE LA CALIFORNIE. MAIS À QUOI BON CET ACHAT SI NOUS NE SOMMES PAS CAPABLES DE FAIRE RESPECTER LA LOI DE L'UNION EN Y FAISANT PASSER RAPIDEMENT LES ORDRES?...

...POUR RELIER SACRAMENTO (CALIFORNIE) À SAINT JOSEPH (MISSOURI) LA DILIGENCE MET EN EFFET...

VOTRE BELLE-MÈRE VOUS ENVOIE DES ŒUFS FRAIS DE SACRAMENTO, MADAME GILLESPIE!

... TRENTE JOURS!...

CUI CUI CUI...

... LES BATEAUX DE L'U.S. MAIL STEAMSHIP PLUS DE TEMPS ENCORE...

VOICI LES ŒUFS FRAIS... ENFIN LES ŒUFS... BREF L'ENVOI DE VOTRE BELLE-MÈRE, MADAME GILLESPIE.

COCORICO!

COT COT CODÉÈK

1A

C'EST INTOLÉRABLE!

IL A RAISON!

POUR REMÉDIER À CET ÉTAT DE CHOSES J'AI FAIT APPEL À UN HOMME D'EXCEPTION CONNAISSANT L'OUEST, SES BÊTES, SES HABITANTS...

... J'AI NOMMÉ EDSON CODY!

ET C'EST AINSI QU'EDSON CODY PART DE SACRAMENTO AVEC DIX CHEVAUX, DIX MULES ET QUELQUES COLIS...

N'OUBLIEZ PAS LES ŒUFS FRAIS POUR MA BELLE-FILLE!

FOOD

USA MAIL

...POUR ARRIVER 53 JOURS PLUS TARD À SAINT JOSEPH, APRÈS AVOIR ÉTÉ CONTRAINT À MANGER VIVRES, MOYENS DE LOCOMOTION ET COURRIER...

ET MES ŒUFS FRAIS??

1B

3

MAIS SI LA TENTATIVE D'EDSON CODY NE FUT PAS COURONNÉE DE SUCCÈS, LE SÉNAT NE SE LAISSA PAS ABATTRE...

ÉCOUTE ÇA, IMELDA !...

"...LE GOUVERNEMENT OFFRE UNE PRIME DE 50.000 $ À LA PERSONNE QUI TROUVERA LE MOYEN DE FAIRE PASSER LE COURRIER DE SACRAMENTO (CALIFORNIE) À SAINT JOSEPH (MISSOURI) EN MOINS DE 10 JOURS...

"...SI CET EXPLOIT N'ÉTAIT PAS RÉALISÉ DANS LES SIX MOIS CETTE SOMME REVIENDRAIT DE DROIT À LA PACIFIC RAILWAY POUR CONTRIBUER À FINANCER L'EXTENSION DE SON RÉSEAU VERS L'OUEST."

NE ME DITES PAS QUE CETTE PROPOSITION VOUS TENTE, WILLY !

ET C'EST AINSI QUE LE 27 JANVIER 1860 À SAINT JOSEPH...

"DE WILLIAM H. RUSSEL AU SÉNAT AMÉRICAIN...

"...J'AI DÉCIDÉ D'ÉTABLIR UN PONY EXPRESS ENTRE SACRAMENTO ET SAINT JOSEPH STOP DÉPART SACRAMENTO LE 3 AVRIL 1860 STOP SIGNÉ W.H. RUSSEL".

10 $ QU'IL ÉCHOUE !

TENU !

2A

AU MÊME MOMENT AU CONSEIL D'ADMINISTRATION DE LA PACIFIC RAILWAY...

PACIFIC RAILWAY

— LE RAIL QUI VOUS TEND LA MAIN. —

WASHINGTON POST

IL VA DE SOI, MESSIEURS, QUE CETTE PRIME DOIT REVENIR À LA PACIFIC RAILWAY. JE COMPTE SUR VOUS POUR DÉCOURAGER D'ÉVENTUELLES ENTREPRISES PAR TOUS LES MOYENS...

...EN TANT QUE CHEF DE GARE À SACRAMENTO, C'EST BIEN SÛR VOUS, TED BALLAST, QUI ASSUREREZ LE SUIVI DE L'AFFAIRE... EN VOITUUURE !

VOUS AVEZ BIEN DIT PAR TOUS LES MOYENS, MONSIEUR LE PRÉSIDENT ?

PONY EXPRESS · SACRAMENTO.

LE PONY EXPRESS EST UNE ENTREPRISE QUI VA FAIRE DU BRUIT !

PONY EXPRESS SACRAMENTO

BAOUMM !

PONY EXPRESS SACRAMENTO

?!

2B

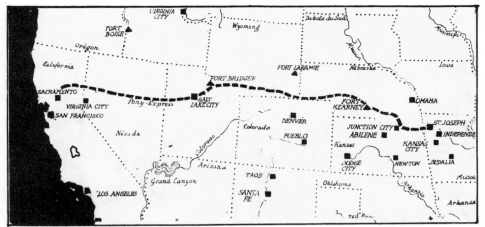

QUELQUES JOURS PLUS TARD...

RECHERC...

AU SUIVANT!

CLONNG!

SUIS-JE ÉTOURDI! J'AVAIS OUBLIÉ DE VIDER MES POCHES!

HÉLAS, JE CONSTATE SUR VOTRE EXTRAIT DE NAISSANCE QUE VOUS AVEZ DÉPASSÉ L'ÂGE REQUIS...
SUIVANT!

PAS TROP TÔT! OÙ EST LE CONTRAT?

C'EST QUE LE RÈGLEMENT EST TRÈS PRÉCIS ET...

COMMENT ÇA?

JE SUIS SVELTE, J'AI DE L'EXPÉRIENCE ET JE NE ME SUIS JAMAIS SENTI AUSSI JEUNE!...

BENJAMIN!

J'EN AI ASSEZ QUE TU DÉCAMPES QUAND ON T'APPELLE À DÉJEUNER!

MAIS M'MAN...

ALLEZ OUSTE, À LA MAISON GARNEMENT! TON PÈRE VA TE TIRER LES OREILLES!

DE TOUTE FAÇON IL N'ÉTAIT PAS ORPHELIN!

A LA TOMBÉE DU JOUR. L'ÉQUIPE DU PONY EXPRESS EST CONSTITUÉE. IL Y A LÀ CHARLEY CLIFF, JOHNNY FRY, NICK WILSON ET WILLIAM CODY (15 ANS) ALIAS BUFFALO BILL.

11

S'IL EN RESTE PARMI VOUS QUE CE POINT DU RÈGLEMENT NE REBUTE PAS, QU'ILS VIENNENT SIGNER LEUR ENGAGEMENT...

WILD BILL!

C'EST BIEN PARCE QUE J'AI DÉJÀ PERDU MA PAIE AU JEU!

WILLIAM CODY!

C'EST BIEN PA-PA-PARCE QUE LA CHA-CHA-CHASSE AU BI-BI-BISON EST FERMÉE!

CHARLEY CLIFF!

C'EST BIEN PARCE QUE J'AI UNE VIEILLE TANTE À CHARGE!

NICK WILSON!

C'EST BIEN PARCE QUE J'AIME LES VOYAGES!

JOHNNY FRY

C'EST BIEN PARCE QUE JE VEUX LAISSER MON NOM DANS L'HISTOIRE DES TRANSPORTS!

ET MAINTENANT, ALLONS FÊTER DIGNEMENT VOTRE ENGAGEMENT AU SALOON!

EXCEPTIONNELLEMENT JE VOUS ACCOMPAGNE!

JE PORTE UNE BOTTE DE PAILLE À JOLLY JUMPER ET JE VOUS REJOINS!

ON A SIGNÉ! ON A SIGNÉ!

ON A SI-SI-SIGNÉ..

T'ES PAS EN MESURE CODY!

SEPT LAITS SANS FAUX COL!

?! ?! ?! ?! ?!

JE LÈVE MON VERRE AU PONY EXPRESS QUI SERA À LA POSTE CE QUE LA POUDRE EST AU RÉVOLVER!...

IL A FAIT SON PETIT RENVOI!

BURP!

ALLEZ VOIR DU CÔTÉ DE LA GARE S'IL N'Y A PAS UN TRAIN QUI ARRIVE!

JE VEUX MOURIIIIIR!...

COURAGE!

PSSIT!... UN AUTRE... HIPS... WHISKY!...

VOUS ÊTES ARRIVÉ... HIPS... BEAUCOUP TROP TÔT, LUCKY... HIPS... J'AVAIS ENCORE SOIF... HIPS!

MON PAUVRE AMI, VOUS NE TENEZ MÊME PLUS DEBOUT!

ACCROCHE-TOI, MOUSSAILLON, HIPS!... LA MER EST AGITÉE... HIPS!

LE LENDEMAIN...

SUPERBE AFFAIRE, CE LOT DE MUSTANGS, NON?

C'EST QUE... ILS SONT ENCORE SAUVAGES...

TILLEUL MENTHE POUR VOUS AUSSI, MR LUKE?

ON VA PERDRE UN TEMPS FOU À LES DÉBOURRER!

MAIS... IL RESTE À PEINE QUATRE SEMAINES AVANT LE DÉPART!

SEUL UN SPÉCIALISTE PEUT NOUS TIRER D'AFFAIRE!

TU AS HUIT JOURS POUR APPRENDRE À CES BLEUS LES FICELLES DU MÉTIER!

POUR LA TECHNIQUE, ÇA IRA, MAIS POUR L'EXPÉRIENCE, IL ME FAUDRAIT DEUX JOURS DE PLUS!

EN ATTENDANT QUE LES CHEVAUX SOIENT PRÊTS NOUS ALLONS COMMENCER L'ENTRAÎNEMENT!

IMELDA, DISTRIBUEZ LES TENUES.

ILS SONT PLUS JOLIS LES UNS QUE LES AUTRES! ON A L'EMBARRAS DU CHOIX!

ENFIN UN CONNAISSEUR!

C'EST PAS DANS LE CON-CON-CONTRAT!

SI TOUT LE MONDE EST PRÊT, ALLONS-Y!

VOUS NE CRAIGNEZ PAS DE LES DÉCOURAGER? LES HOMMES DU PONY EXPRESS SERONT CONFRONTÉS AUX TEMPÉRATURES LES PLUS ÉLEVÉES. ILS DOIVENT S'Y HABITUER.

PFF... PFF... PFF... PFF... PFF... PFF...

DES HEURES PLUS TARD...

O.K.! LE TEST EST CONCLUANT. METTEZ-VOUS À L'AISE!

À BOIRE!

DE L'AIR! DE L'AIR!

ENFIN UN PEU DE FRAIS!

À PRÉSENT, DIRECTION LA MONTAGNE ?

VOUS NE CRAIGNEZ PAS DE LES DÉCOURAGER? LES HOMMES DU PONY EXPRESS SERONT CONFRONTÉS AUX TEMPÉRATURES LES PLUS BASSES. ILS DOIVENT S'Y HABITUER!

CLAC CLAC CLAC CLAC CLAC CLAC

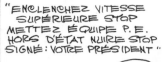

...RAIL! RAIL! RAIL! CARAMBA!...♪

JE NE COMPRENDS PAS...

LES HOMMES DU PONY EXPRESS DOIVENT POUVOIR RÉCUPÉRER DANS LES PIRES CONDITIONS!

LOS CABALLEROS SONT DES RIGOLOS...♪

ZZZZ...

ZZZZ...

ZZZZ

ZZZZ

LE LENDEMAIN...

PLUS HAUT LES GENOUX!

...UNE DEUX UNE DEUX...

U-UNE D-DEUX U-UNE D-DEUX...

RAIL... ZZZ... RAIL... ZZZ CARAMBA... ZZZ...

HALTE! DEUX MINUTES DE REPOS!

ALORS, JOLLY, L'ENTRAÎNEMENT, ÇA AVANCE?

LES CONNAISSANCES SONT ACQUISES. LE RESTE VIENDRA AVEC LA PRATIQUE...

PARCOURS EXPRESS AVEC VISIBILITÉ RESTREINTE...

ENTRAÎNEMENT RESPIRATOIRE EN MILIEU HOSTILE!

CINQ MINUTES! ÇA VA, TU PEUX LUI DIRE DE SORTIR LA TÊTE DE L'EAU.

PASSAGE DU RELAIS...

...À VITESSE OPTIMALE!

ET VOICI LE FINAL AVEC TOUTE LA TROUPE!

CE N'EST PAS MAL, MAIS LA PYRAMIDE N'EST PAS INDISPENSABLE!

C'EST SIMPLEMENT POUR LA COHÉSION DU GROUPE...

CHOISISSEZ VOS CHEVAUX! EXERCICE DE CHANGEMENT DE MONTURE!

TROP COURT!

TROP LONG!

RÉUSSI!

PASSAGE DU COURRIER!

OUPS!

CONTRAIREMENT À CE QU'ON DIT, LES ÉCRITS S'ENVOLENT!

LUCKY LUKE!

REGARDEZ CE QUE LES MARRIACHIS DE CETTE NUIT ONT OUBLIÉ...

UN PONCHO AVEC DES POCHES... IMELDA, VOUS ÊTES GÉNIALE!

FAIS UN NOUVEL ESSAI AVEC ÇA, JOHNNY...

O.K.

YAHOUUUUH! C'EST RÉUSSI!

19A

LE PRINCIPE EST BON. RESTE À PERFECTIONNER LE PROCÉDÉ! O.K.! PASSONS À LA LEÇON DE CLAIRON!

LE CLAIRON FAISANT PARTIE DE L'ÉQUIPEMENT DES CAVALIERS DU PONY EXPRESS, L'ENTRAÎNEMENT COMPORTE UN APPRENTISSAGE MUSICAL...

CETTE CACOPHONIE EST INSUPPORTABLE!...

..SI ON DONNE UN CLAIRON AUX CAVALIERS, J'EXIGE QU'ON DONNE DE L'OUATE AUX CHEVAUX POUR SE BOUCHER LES OREILLES!

19B

SAUTEZ!

CLAC!

LA SANGLE A ÉTÉ SABOTÉE!

OUAIP! AU MOYEN D'UNE POINÇONNEUSE DE CONTRÔLEUR DE TRAIN! LE FORFAIT EST SIGNÉ!

CETTE FOIS ILS SONT ALLÉS TROP LOIN!

J'AI DEUX MOTS À VOUS DIRE, BALLAST!

?

LES AGISSEMENTS DE LA PACIFIC RAILWAY DOIVENT CESSER!

POUR TOUTE RÉCLAMATION VEUILLEZ REMPLIR CE FORMULAIRE EN CINQ EXEMPLAIRES...

...MAIS JE NE POURRAI PAS L'ENREGISTRER AVANT 14 HEURES, CAR NOS BUREAUX FERMENT À MIDI!

FERMÉ

PAN!

FERMÉ

CLINNG!

COMME LE TEMPS PASSE VITE! REPRENONS...!

MAIS?.. MAIS...

FERMÉ

UN CONSEIL : CESSEZ DE FAIRE LA VIE DURAILLE AUX GENS DU PONY EXPRESS!

!

MONSIEUR, VOS INSINUATIONS PORTENT ATTEINTE À L'HONORABILITÉ D'UN SERVICE PUBLIC!

21A

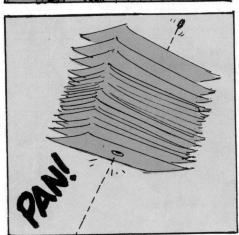

PAN!

TENEZ-LE VOUS POUR DIT! J'AI TOUJOURS MA POINÇONNEUSE À PORTÉE DE LA MAIN!

MON CONTINGENT MENSUEL DE BILLETS!

C'EST NOUVEAU DE VENDRE LES BILLETS POINÇONNÉS À L'AVANCE!

C'EST NOUVEAU MAIS ÇA NE VA PAS DURER! RÉUNION POUR TOUT LE PERSONNEL DANS LA SALLE D'ATTENTE!

NOUS SOMMES À DIX JOURS DU DÉPART DU PONY EXPRESS. DORÉNAVANT LE MOT D'ORDRE EST CLAIR : EMPÊCHER PAR TOUS LES MOYENS LE COURRIER D'ARRIVER À SAINT JOSEPH DANS LES DÉLAIS IMPARTIS...!...

...NOUS ALLONS NOUS DISSÉMINER TOUT LE LONG DU PARCOURS QU'EMPRUNTERA LE PONY EXPRESS!

21B

DEPUIS VOTRE INTERVENTION, LES ACTES DE VANDALISME DE LA PACIFIC RAILWAY ONT CESSÉ. BRAVO!

RESTONS VIGILANTS. UN TRAIN PEUT EN CACHER UN AUTRE...

JE VAIS À SAINT JOSEPH PRÉPARER L'ARRIVÉE VICTORIEUSE DU PONY EXPRESS. ACCEPTERIEZ-VOUS D'ASSURER LE TOUT PREMIER RELAIS DE CETTE ENTREPRISE HISTORIQUE?

O.K., RUSSEL COMPTEZ SUR MOI!

MERCI LUCKY LUKE!

HONEY, JE VOUS RAPPELLE QUE L'ADMINISTRATION DU PONY EXPRESS REPOSE SUR VOS ÉPAULES!...

HUM... POUR LES VÔTRES, WILLIAM, J'AI TRICOTÉ EN CACHETTE CETTE LISEUSE...

POUR UN COURRIER RECORD PONY EXPRESS D'ABORD!...

LE 2 AVRIL 1860, VEILLE DU PREMIER DÉPART DU PONY EXPRESS, LES BUREAUX DE LA COMPAGNIE SONT EN EFFERVESCENCE...

PONY PEUT-ÊTRE MAIS EXPRESS, ÇA RESTE À PROUVER! J'AI FAIT TROIS MÈTRES EN DEUX HEURES!

DÉPART DU PREMIER PONY EXPRESS LE 3 AVRIL 1860

ATTENTION, CE SONT DES LUNETTES!

VOUS VOULEZ ASSURER LE COLIS?

C'EST INUTILE, CHÈRE MADAME. J'AI TOUTE CONFIANCE.

COMME VOUS VOULEZ

???

L'ASSURANCE NE PARAÎT CHÈRE QU'AVANT L'ACCIDENT...

CRAC!

FINALEMENT VOUS AVEZ RAISON. JE VAIS SOUSCRIRE UNE ASSURANCE...

TROP TARD!... SUIVANT!

※6☆ CE SONT DES ŒUFS FRAIS POUR MADAME GILLESPIE...

DONNEZ!

JE PRENDS L'ASSURANCE...

FRAGILE

FRAGILE

FRAGILE

MON FIANCÉ NE SAIT PAS LIRE ET DE TOUTE FAÇON JE NE SAIS PAS ÉCRIRE. PRENEZ-VOUS LES MESSAGES DE VIVE VOIX?

BEN—

SMACK!

???

C'EST POUR JOHN ALLISON DE LA PART DE CYNTHIA.

23A

Le 3 AVRIL 1860, LA POPULATION DE SACRAMENTO, CONSCIENTE D'ASSISTER A UN ÉVÉNEMENT HISTORIQUE, SALUE AVEC ENTHOUSIASME LE PREMIER DES HÉROS DU PONY EXPRESS.

POUR UN COURRIER RECORD PONY EXPRESS D'ABORD!

PONY EXPRESS SACRAMENTO

ZIM POM POM ZIM...

JE SUIS HEUREUX DE SERRER LA MAIN A UNE DES GRANDES FIGURES DE L'OUEST!

IL EST MIDI, MONSIEUR BARNES. LE MOMENT EST VENU.

YAHOOO!

BRAVO! HARDI PETIT!

23B

25

26

HÉ HÉ HÉ!..

TOUGOUDOUM... TOUGOUDOUM...

DÉJÀ?! JE NE L'ATTENDAIS PAS SI VITE!

?

?

...TOUGOUDOUM TOUGOUDOUM...

DOMMAGE! JE N'AI PAS EU LE TEMPS DE PLACER MON DOUBLE AXEL! (*)

* FIGURE DE PATINAGE ARTISTIQUE.

27

TOUGOUDOUM... TOU GOU DOUM... TOUGOUDOUM...

TOUGOUDOUM... TOU GOU DOUM... TOUGOUDOUM...

LE VOILÀ! LE VOILÀ!

ATTENTION! UN.. DEUX...

...TROIS...

...QUATRE...

...TOUGOUDOUM... TOU GOU DOUM... TOUGOUDOUM...

PLUS TARD.

VOICI LE RELAIS. POUR NOUS C'EST FINI!

C'EST TOUJOURS PAREIL! À PEINE ÉCHAUFFÉ IL FAUT S'ARRÊTER!

LE VOILÀ!

IL EST DRÔLEMENT EN AVANCE!

À TOI DE JOUER, CHARLEY!

BONNE ROUTE?

SANS HISTOIRES!

POUR JOHN ALLISON, DE LA PART DE CYNTHIA...

SMACK!

?

POUR UN COURRIER RECORD...

PONY EXPRESS D'ABORD!!

HE HE HE!.

VOILÀ ENFIN UNE HISTOIRE DONT JE NE CONNAÎTRAI PAS LA FIN...

JE VAIS ME RAFRAÎCHIR DANS LA RIVIÈRE. CETTE BALADE M'A DONNÉ CHAUD

C'EST UN COMBLE! C'EST MOI QUI GALOPE ET C'EST LUI QUI TRANSPIRE!

POUR GAGNER DU TEMPS, L'HOMME ET SA MONTURE SE RELAIENT POUR DORMIR...

DE TOUTE FAÇON AVEC LES RONFLEMENTS DE JOLLY JUMPER, PAS QUESTION DE ROUPILLER!

ZZZZZ...

ZZZZZZ...

AVEC CE BRUIT DE MOISSONNEUSE-BATTEUSE QU'IL FAIT EN DORMANT PAS QUESTION DE S'ASSOUPIR.

TOUGOUDOUM... TOUGOUDOUM....

...TOUGOUDOUM...

MAIS SI LES INCIDENTS SONT INÉVITABLES, LE RÈGLEMENT N'EN EST PAS MOINS RESPECTÉ: LE CAVALIER DU P.E. CHANGE DE MONTURE...

UN CHEF DE GARE M'A VOLÉ LES CHEVAUX! C'EST À N'Y RIEN COMPRENDRE!

TOUGOUDOUM_TOUGOUDOUM

HOP!

...6 À 8 FOIS ENTRE DEUX RELAIS.

TANT QUE LES RÈGLEMENTS SERONT RÉDIGÉS PAR DES BUREAUCRATES ILS RESTERONT INADAPTÉS!

MAIS LES ENNUIS NE FONT QUE COMMENCER....

UGH!

UGH! QUE VIENT FAIRE LE VISAGE-PÂLE DU CHEVAL DE FER?

JE VIENS EN AMI METTRE EN GARDE TORTUE AGILE, CHEF DES PIEDS-PLATS. UN ÉCLAIREUR BLANC AU CŒUR VACHEMENT PERFIDE ET À LA LANGUE DRÔLEMENT FOURCHUE VIENT VERS VOUS. IL EST ENVOYÉ PAR LES TUNIQUES BLEUES POUR RECONNAÎTRE VOS TERRAINS DE CHASSE EN VUE DE VOUS LES VOLER!

ÇA MAUVAISE MÉDECINE! IL FAUT DÉTERRER LA HACHE DE GUERRE!

ON NOUS A ATTA.... ATTAQUÉS. C'EST UN INCEN... UN INCEN... UN INCENDIE CRI...CRI...CRIMINEL !...

SI J'ÉTAIS JOUEUR, JE PARIERAIS QU'ON VA CONTINUER...

J'AI LE BRAS FRAC...FRAC... FRACTURÉ MAIS JE NE FAILLIRAI PAS A MA MI...MI...

J'AI COMPRIS...

...À MA MISSION !

TOUGOUDOUM... TOUGOUDOUM....

LES VAUTOURS ONT UNE DRÔLE D'ALLURE DANS CE PAYS...

31A

?

UN MESSAGE?..

"DESTINATAIRE LUCKY LUKE STOP FRÈRES DALTON ÉCHAPPÉS DU PÉNITENCIER STOP LES RETROUVER TOUTES AFFAIRES CESSANTES STOP SIGNÉ ILLISIBLE"...

DEMI-TOUR, JOLLY JUMPER. CETTE PRISON EST UNE VRAIE PASSOIRE !

QUAND ON EST UN HÉROS ON NE S'APPARTIENT PLUS...

CETTE FOIS IL EST TOMBÉ DANS LE PANNEAU ! HIN HIN HIN ! LE RAIL N'A PLUS RIEN À CRAINDRE !

31B

À L'AUBE...

LUCKY LUKE! QUEL BON VENT?..

VOUS AVEZ LAISSÉ ÉCHAPPER LES DALTON!

CETTE TÊTE-LÀ NE M'EST PAS INCONNUE...

DE QUOI? DE QUOI? DE QUOI?..

JE NE COMPRENDS PAS VOTRE ÉTONNEMENT, C'EST BIEN VOUS QUI M'AVEZ ENVOYÉ ÇA?...

?

C'EST AGAÇANT À LA FIN! JE SUIS TOUJOURS LE DERNIER PRÉVENU!

MAIS JE SUIS AU REGRET DE VOUS IN-FORMER QU'ILLISIBLE NE FAIT PAS PARTIE DE NOS EFFECTIFS...

!

?

LES DALTON SE SONT-ILS ÉCHAPPÉS OUI OU NON?!

ALLONS VOIR...

RÉSUMONS-NOUS. UN TYPE QUI DÉBARQUE EN PLEINE NUIT AVEC UN SAC BOURRÉ DE CADEAUX...

C'EST TROP BÊTE, J'AI SON NOM SUR LE BOUT DE LA LANGUE...

COMME VOUS LE CONSTATEZ VOS AMIS SONT BIEN GARDÉS.

MAIS VOYONS, C'EST BIEN SÛR! CE TYPE SUR UN RENNE, C'EST LE PÈRE NOËL!

AU FOND, TOUT ÇA C'EST UNE HISTOIRE DE PIGEON!

AU PETIT MATIN...

ZZZZZZ...

RÉVEILLE-TOI, OLD BOY!

?

PINCE-MOI, JOLLY. JE RÊVE!

HELLO, BEAU BLOND!

LOLA ET SES GIRLS
LE SPECTACLE LE PLUS OSÉ DE PARIS
PIGALLE - MOULIN-ROUGE
CANCAN - CHAMPAGNE
DES NUMÉROS ÉBLOUISSANTS D'AUDACE

34A

C'EST BIEN TOI PONY EXPRESS?

OUAIP!

APPELLE-MOI LOLA... ET VOICI LES LOLETTES, KATHY LA ROUSSE ET SUZY LA BLONDE...

MAIS...MAIS...!

AÏE...AÏE... ON VA ENCORE PERDRE DU TEMPS!

VOTRE ACCUEIL ME TOUCHE BEAUCOUP MAIS JE SUIS PRESSÉ!

ALLONS, ALLONS... LAISSEZ-NOUS VOUS DORLOTER...

JE CROYAIS QUE C'ÉTAIT "PONY EXPRESS D'ABORD"!...

TRAVAILLER, C'EST AUSSI SAVOIR SE DÉTENDRE, PAS VRAI, LES FILLES?

SÛR, MADAME LOLA!

MAIS!

UN HOMME REPOSÉ EN VAUT DEUX!

34B

QUE SIGNIFIE CETTE MASCARADE ?

COMMENT ÇA ?

C'EST UNE ATTENTION DE TON AMI LE CHEF DE GARE POUR CE GRAND JOUR...

BALLAST ME LE PAIERA CHER !

VOILÀ VOILÀ J'ARRIVE !

KATHY ! LE VESTIAIRE DE MONSIEUR PONY !

TOUT DE SUITE !

CLAP. CLAP.

QUEL DOMMAGE ! LA FÊTE NE FAISAIT QUE COMMENCER, MONSIEUR PONY !

TCHAC !

36A

REGARDEZ, MADAME LOLA ; LA MATINÉE VA ÊTRE COMPLÈTE !

EN GÉNÉRAL LES PLUMES SONT RÉSERVÉES AUX ARTISTES DE SCÈNE...

POURQUOI LE GRAND CHEF ARBORE-T-IL SES PEINTURES DE GUERRE ? JE SUIS ICI EN AMI...

FRÈRE BALLAST NOUS A PRÉVENUS. PAS QUESTION DE FAIRE POW-WOW ! EMPAREZ-VOUS DE PONY EXPRESS ET DE SES AMIES.

PAN! PAN! PAN! PAN!

VOUS AVEZ RAISON : ÉCHANGEONS CALMEMENT NOS POINTS DE VUE...

À TOUTES FINS UTILES, J'AI EMPORTÉ UN FORMULAIRE ADMINISTRATIF DE TRAITÉ À REMPLIR EN QUATRE EXEMPLAIRES...

36B

38

DÉSORMAIS POUR RESTER DANS LES TEMPS, LE CAVALIER ET SA MONTURE VONT AU PLUS COURT...

NON! PAS ICI! LE GUÉ EST EN AVAL!...

TOUGOUDOUM... TOUGOUDOUM...

TOUGOUDOUM... TOUGOUDOUM...

VIVEMENT LE PROCHAIN POINT D'EAU!

JE NE CONNAIS RIEN DE PLUS TONIQUE QUE LES BAINS DE RIVIÈRE.

...TOUGOUDOUM... TOUGOUDOUM...

...IGNORANT LES DANGERS...

PONT HORS SERVICE DANGER D'ÉCROULEMENT FAITES LE TOUR

...ET LES RELAIS.

TU POURRAIS AU MOINS DESCENDRE DE CHEVAL POUR MANGER...

LE COURRIER PEUT ARRIVER D'UN MOMENT À L'AUTRE. JE DOIS ÊTRE PRÊT.

PONY EXPRESS

TOUGOUDOUM... TOUGOUDOUM...

TOUGOUDOUM... TOUGOUDOUM...

...MÊME LES BUSARDS NE PEUVENT SUIVRE LE TRAIN D'ENFER MENÉ PAR LE CAVALIER...

...TOUGOUDOUM... ...TOUGOUDOUM... ...TOUGOUDOUM...

STOP, JOLLY! ÇA FAIT CINQ FOIS QU'ON PASSE DEVANT CE PANNEAU!

DE TOUTE ÉVIDENCE IL INDIQUE UNE MAUVAISE DIRECTION. SUPPRIMONS-LE!

CLAC.. CLAC.. CLAC..

PAN! PAN!

AAAAAH!.

SAINT-JOSEPH
→
VOUS Y ÊTES PRESQUE

JE ME RENDS!...

TU AS SANS DOUTE QUELQUES RENSEIGNEMENTS PRÉCIEUX À NOUS DONNER...

JE N'AI FAIT QU'EXÉCUTER LES ORDRES SOUS LA CONTRAINTE. JE PEUX VOUS DONNER LES NOMS DE CEUX QUI ONT CHERCHÉ À VOUS NUIRE..

DÉPÊCHONS, DÉPÊCHONS!.

AU MÊME MOMENT À SAINT-JOSEPH...

TOUJOURS RIEN?

JE NE VOIS QUE LA POUSSIÈRE QUI POUDROIE ET L'HERBE QUI VERDOIE!

PONY EXPRESS

WELCOME PONY E

DANS 15 SECONDES VOUS AUREZ PERDU VOTRE PARI, CHER AMI...

TOUJOURS RIEN?

JE NE VOIS QUE LA POUSSIÈRE QUI POUDROIE ET L'HERBE QUI VERDOIE...

PLUS QUE 10 SECONDES...

TOUJOURS RIEN?

JE NE VOIS QUE LA POUSSIÈRE QUI POUDROIE ET L'HERBE QUI VERDOIE...

PLUS QUE 5 SECONDES.

J'AI LE REGRET DE VOUS ANNONCER QUE LE DÉLAI IMPARTI EST ÉCOULÉ!

JE NE VOIS QUE LA POUSSIÈRE...

ÇA VA, MON VIEUX, ÇA VA!

POUR FÊTER SA VICTOIRE, LA PACIFIC RAILWAY EST HEUREUSE D'OFFRIR UNE TOURNÉE GÉNÉRALE AU SALOON!

YAHOOO!

YOUPIE!

VIVE LA PACIFIC RAILWAY!

À BAS LE PONY EXPRESS!

POUR UN MEILLEUR TRAFIC VIVE LA PACIFIC!

JE VOIS UN CAVALIER QUI CAVALOIT ET UN CHEVAL QUI RÂLOIT...

NOUS Y SOMMES

LE CONTRAT STIPULAIT LE COURRIER, PAS LES PASSAGERS!

SAINT-JOSEPH

DESPERADOS, NOUS SOMMES SPÉCIALISÉS EN POTENCES & CERCUEILS

HELLO, RUSSEL!

PLUTÔT FAIBLARD, LE COMITÉ D'ACCUEIL...

AH, C'EST VOUS, LUKE.

C'EST TOUT L'EFFET QUE ÇA VOUS FAIT DE VOIR LE COURRIER?

TROP TARD, HÉLAS!...

COMMENT ÇA, TROP TARD?!

EH OUI, VOUS AVEZ MIS 10 JOURS, 3 MINUTES ET 15 SECONDES...

C'EST CE QU'ON VA VOIR. OÙ EST LE REPRÉSENTANT DU GOUVERNEMENT?

AU SALOON AVEC LES AUTRES. ILS FÊTENT NOTRE DÉCONFITURE..

NOTRE ENTREPRISE SE SOLDE PAR UN ÉCHEC, JE VOUS REMERCIE D'AVOIR TENTÉ L'IMPOSSIBLE...

C'EST AVEC UNE PEINE RÉELLE QUE JE BOIS AU NAUFRAGE DU PONY EXPRESS !..

...FORCE NOUS EST DE CONSTATER QUE POUR UN MEILLEUR TRAFIC....

PAN! PAN!

...VIVE LA PACIFIC!

?!?

JE SUIS LUCKY LUKE DU PONY EXPRESS. VOICI LE COURRIER DE SACRAMENTO!

...IL VOUS PARVIENT EN DÉPIT DES MANŒUVRES DÉLOYALES DE LA PACIFIC RAILWAY ---

MES RESPECTS, MONSIEUR LE DIRECTEUR....

VOUS ÊTES FOU, BALLAST! NOUS NE VOUS CONNAISSONS PAS!

JE NE LAISSERAI PAS UN GARDIEN DE VACHES JETER L'OPPROBRE SUR L'HONORABILITÉ D'UN SERVICE PUBLIC!

PAN!

VOUS AVEZ ÉCHOUÉ ET CE N'EST PAS EN FAISANT PARLER LA POUDRE QUE VOUS FEREZ TAIRE LES MINUTES EN TROP ENREGISTRÉES PAR MONSIEUR PACKMAN, REPRÉSENTANT DU GOUVERNEMENT!

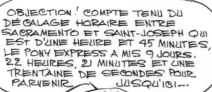

LE PONY EXPRESS DEVAIT ÉCRIRE L'UNE DES PAGES LES PLUS PRESTIGIEUSES DE L'ÉPOPÉE DE L'OUEST AMÉRICAIN...

...PERMETTANT AUX PLUS COURAGEUX DE SES FILS D'ENTRER DANS LA LÉGENDE.

MAIS LA MISE EN PLACE D'UNE LIGNE TÉLÉGRAPHIQUE ENTRE L'EST ET L'OUEST...

...DEVAIT, DIX-HUIT MOIS PLUS TARD, LUI PORTER UN COUP MORTEL.

MAIS POUR L'HEURE...

" L'arrivée et le départ du pony express "

(Dessins de Fréaéric Remington)

PRINTED IN BELGIUM BY
proost
INTERNATIONAL BOOK PRODUCTION

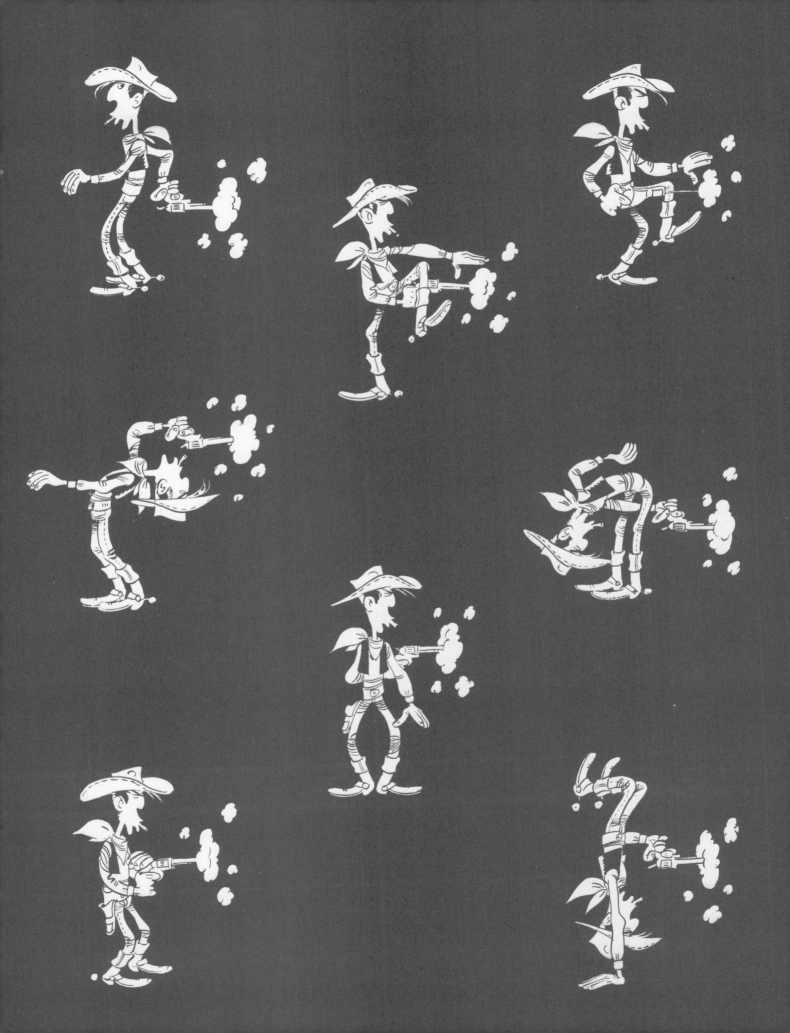